AF267014

NOTICE HISTORIQUE

SUR

MADEMOISELLE MARS,

Par Mme L. FUSIL,

Auteur des SOUVENIRS D'UNE ACTRICE; d'une RELATION DE
L'INCENDIE DE MOSCOU; de nombreuses Notices anecdotiques
sur les THÉATRES, les ARTISTES ÉMINENS, et sur
L'ART DRAMATIQUE, du temps de la République,
de l'Empire et de la Restauration.

AVEC UN AUTOGRAPHE DE L'ILLUSTRE COMÉDIENNE
Adressé à l'Auteur.

—

Prix : 50 Centimes.

—

PARIS,

A LA TENTE, AU PALAIS-ROYAL,

Et chez les marchands de Nouveautés.

NOTICE HISTORIQUE

SUR

MADEMOISELLE MARS

DEPUIS 1795.

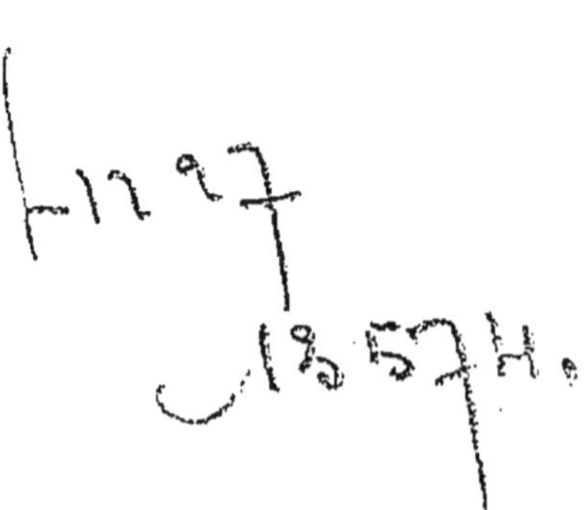

PARIS, IMPRIMERIE DE E. BRIÈRE,

Rue Sainte-Anne, 55.

NOTICE HISTORIQUE

SUR

MADEMOISELLE MARS

DEPUIS 1795.

SOMMAIRE. — Les Débuts de Mlle Mars. — La famille de Mlle Mars. Mlle Mars à Dresde en 1813. — La Fête de l'Empereur, célébrée à Dresde. — Retour de Mlle Mars à Paris.

Il est tombé une pluie de biographies plus ou moins exactes sur le cercueil de Mlle Mars, l'actrice tant regrettée, comme les fleurs tombaient sur la scène le jour de sa retraite.

Quel triste contraste nous présentent ces deux époques !

C'était dans la joie du triomphe de cette grande actrice que le public et ses amis la couronnaient sur la scène le 31 mars 1841.

C'est dans le deuil et les pleurs que nous l'avons conduite à sa dernière demeure le 26 mars 1847 !....

Lorsque la foule se presse, que tout le monde parle à la fois, il est prudent d'attendre, d'écouter avant de parler à son tour. J'aurais craint de déflorer cette vie brillante d'artiste, en la mettant trop tôt en contact avec un public curieux et crédule qui accueille toutes les versions lorsqu'il s'agit d'une grande célébrité, sans s'inquiéter si l'on en parle avec la vérité historique qui convient à la dignité de sa position.

La vie de Mlle Mars était trop simple pour remplir des volumes. On ne peut parler d'un sujet hors ligne comme elle, en inventant des anecdotes vulgaires, que ses véritables amis se feront un devoir de démentir. Tout les écrivains qui ont parlé du talent de Mlle Mars ont été unanimes dans leurs éloges. Mais, messieurs, ne troublez pas la solennité de nos regrets en nous occupant (comme on l'a déjà fait) de soi-disant bons mots qu'elle a toujours démentis, tels que celui des gardes-du-corps, « qui n'avaient rien de commun avec Mars. »

Elle répondait en riant quand on lui en parlait :

— C'est fort spirituel, mais je n'en suis pas l'auteur.

Mlle Mars avait trop de bon goût et de convenance pour faire courir des mots que lui prêtent les gens qui veulent les faire passer sous son nom.

Elle n'aimait à se faire remarquer que par son talent, ne se mettait jamais en scène qu'au théâtre, et réservait la grâce de sa causerie pour le petit nombre d'amis qu'elle réunissait dans son salon, où la finesse de son esprit faisait le charme du peu de connaissances intimes qui y étaient admises.

Si elle pouvait vous répondre, elle dirait : Ne me prêtez pas l'esprit des autres. On s'est toujours contenté du mien. Ne mettez pas dans ma bouche des dialogues qui ne m'appartiennent pas.

« Si nous en croyons, dit un spirituel feuilletoniste, les témoins bien *rares* qui parlent pour avoir vu éclore cette première jeunesse de Mlle Mars... »

Je suis une de ces raretés, et de plus je possède l'avantage que personne ne sera tenté de m'envier, je pense, même ceux qui se croiront mieux instruits que moi, d'avoir traversé avec Hippolyte Mars l'espace qui sépare 1795 de 1847.

J'ai eu avec sa famille une intimité qui m'a mise à même de connaître ce que tout le monde ne sait pas, et j'ai toujours classé mes souvenirs de manière à les retrouver dans l'occasion.

J'ai été témoin, en 1795, des premiers pas d'Hippolyte Mars au Théâtre-Français, dont une fraction s'était réunie à Feydeau l'année précédente, et l'autre, dont je faisais partie, au Théâtre de la République depuis 1791. J'étais fort jeune, et Monvel me donnait des conseils, depuis que j'avais quitté le chant pour jouer les soubrettes.

C'est surtout de ce temps que je veux parler. Il est trop éloigné pour que les écrivains d'aujourd'hui puissent le connaître autrement que par des traditions et des récits presque toujours inexacts. On se trompe si souvent sur des choses qui se passent de nos jours, qu'on peut bien s'égarer sur celles dont l'époque remonte aussi loin. (1)

Hippolyte Mars était au temps dont je parle dans la fleur de son printemps. Ce printemps fut bien moins brillant que l'été et l'automne de cette charmante actrice. Elle n'avait pas la fraîcheur de

(2) Les premières impressions durent toujours. Nous discutions souvent avec Mlle Mars sur ces deux Comédies-Françaises. L'ancienne regardait les sujets du Théâtre de la République comme des usurpateurs. Mlle Mars était de leur avis, quoique son père en fît partie.

cet âge. La timidité, cette maladie de l'âme, qui paralyse toutes nos facultés, lui donnait une sorte de gaucherie. La critique lui reprochait d'avoir les bras collés et les coudes en arrière, de se mettre trop bourgeoisement et d'avoir l'air d'une petite demoiselle habillée pour aller à la messe du dimanche. (1)

Ce manque de confiance de la jeune actrice la rendait froide, inanimée, et l'empêchait de mettre en dehors ce qu'elle sentait si bien au dedans d'elle-même. Ce fut plus tard que Mlle Contat lui en apprit l'art « On voit bien, disait un homme de beaucoup d'esprit, que l'amour n'a pas encore passé par là. »

Cependant, si la timidité la paralysait à la scène, elle n'était plus la même personne dans l'intimité. On pouvait juger par ces piquantes naïvetés, par sa physionomie si bien en harmonie avec ce

(3) J'ai voulu établir ce contraste, pour faire mieux ressortir ce qu'elle a été depuis.

qu'elle disait, à ces manières enfantines qui étaient dans sa nature, que si l'amour avait passé par là, c'était un amour pudique qui se concentrait dans un bonheur intérieur.

M. Brown, jeune officier suisse, dont elle eût trois enfans, l'aurait épousée, si une affection de poitrine ne fût venue détruire leurs espérances en terminant trop tôt la vie de ce jeune homme. Cette cruelle maladie eut une funeste influence sur ses enfans. Le seul qui lui soit resté est celui qui existe maintenant. Mais au temps dont je parle, on ne prévoyait pas encore ces malheurs. La petite Lilitte, la fille de Mlle Mars, jolie comme sa grand'-mère, avait toute la grâce et la gentillesse de la première enfance.

Hippolyte nous disait en riant : J'étudie ma fille comme Carlin étudiait les petits chats. (On sait que cet admirable Arlequin avait toujours près de lui ces petits animaux pour étudier leurs mouvemens gracieux). Aussi, lorsque Mlle Mars devint la charmante ingenuité que nous avons connue, elle possédait tout le charme de l'enfance réuni à la jeunesse.

Après la mort de M. Brown, la santé d'Hippolyte fut vivement affectée; on craignait qu'elle ne fût attaquée du même mal. Elle était maigre, pâle et avait une toux alarmante. Elle obtint un congé pour aller aux eaux de Bagnères-de-Luchon, avec son frère, Salvetta, mort officier au service de l'empereur Napoléon. Nous la vîmes partir avec un sentiment de tristesse, car nous n'espérions plus la revoir? De mon côté, je quittai Paris, pour aller donner des concerts en province. A ma grande satisfaction, je retrouvai Hippolyte à son retour. Le changement qui s'était opéré dans toute sa personne n'était pas croyable; elle était engraissée et avait repris toute la vivacité de la santé.

LA FAMILLE DE Mlle MARS.

Les moindres détails de la vie d'une personne célèbre sont intéressans à rappeler, lorsqu'ils tiennent surtout à un acteur aussi distingué que Monvel. On dit que les grands artistes, les grands littérateurs, transmettent rarement leur talent à leur postérité ; il y a d'heureuses exceptions cependant : Monvel et sa fille en sont une nouvelle preuve ; mais les talens de la famille s'étaient arrêtés là. Mlle Mars aînée était une actrice médiocre, et Georgina, sa fille, élève de Mlle Mars, est morte trop jeune pour qu'on ait pu préjuger ce qu'elle aurait été. Mlle Mars, qui depuis la mort de sa fille avait regardé Georgina comme son enfant et voulait la doter, fut d'autant plus sensible à la perte de sa nièce qu'elle renouvelait les peines que lui avait causées celle de sa fille. Cette douleur avait été tellement vive qu'elle fut longtemps sans jouer et voulait quitter le théâtre. Cette fille chérie mourut d'une maladie de poitrine, ainsi que son frère. Aussi Mlle Mars s'alarmait-elle vivement lorsque ce fils qui lui était resté éprouvait quelque dérangement de santé.

La mère de Mlle Mars était extrêmement jolie. Il y avait d'elle deux portraits au pastel dans le salon de sa fille. Ils étaient toujours remarqués par les étrangers.

Mme Mars avait débuté au Théâtre-Français dans la tragédie, mais elle n'y réussit pas et n'y resta que peu de temps.

Ce fut quelques années après la naissance d'Hippolyte Mars que Monvel quitta le Théâtre-Français, où il avait éprouvé quelques désagrémens de la part de ses camarades.

Le roi Gustave, qui faisait un grand cas du talent de Monvel, lui fit des offres brillantes pour l'engager à venir en Suède. Il profita de cette noble hospitalité, et promit à Mme Mars de la faire venir avec sa fille, aussitôt qu'il serait établi dans ce pays.

Les circonstances qui survinrent le firent sans doute renoncer à ce projet.

Ses lettres devinrent plus rares et bientôt cessèrent tout à fait.

Mme Mars apprit qu'il se mariait avec Mlle Cléricourt, fille d'un ancien comédien pensionné par le roi, qui avait désiré ce mariage.

Monvel revint de Suède en 1788 ; il ramenait sa nouvelle famille, les parens de sa femme, les deux enfans qu'il avait eus en Suède : Théodore, qui fut tué au siége de Sarragosse, et Mlle Joséphine Monvel, personne charmante pour laquelle Hippolyte, qui n'avait alors que dix ans, et la petite Monvel en avait quatre, se prit d'une tendre amitié.

La révolution commençait à peine. Le Théâtre-Français était encore au faubourg St-Germain. Monvel voulut y ren-

trer; mais de sévères règlemens empè-
chèrent ce théâtre de s'attacher ce grand
artiste. MM. Gaillard et Dorfeuil étaient
directeurs des Variétés, au Palais-Royal.
On n'y avait encore joué que des pièces
comiques; mais le mouvement de la révolution qui commençait à s'opérer leur
donnait l'espoir d'être bientôt à la tête
d'un Second-Théâtre-Français, car on se
lassait de la tyrannie du premier. Les
mécontens et les jeunes littérateurs, qui
éprouvaient tant de difficultés pour faire
recevoir leurs ouvrages, le désiraient vivement aussi. La salle de la rue de Richelieu, que le duc d'Orléans faisait bâ-
tir, fut donnée à MM. Gaillard et Dorfeuil; ils n'attendaient donc que le décret
sur la liberté des théâtres pour se mettre en mesure. Ils avaient déjà quelques
bons acteurs pour le genre qu'ils vou-
laient adopter : Michot, dont on se sou-
vient toujours au Théâtre-Français, Fusil
et plusieurs autres. On engageait les

meilleurs sujets des grandes villes de province, où l'on jouait alors le répertoire tragique et comique avec une supériorité qu'on serait bien heureux de retrouver maintenant.

Monvel ne pouvait manquer d'être recherché par une entreprise rivale du Théâtre-Français. On lui fit les propositions les plus brillantes, qu'il accepta ; il commença même à jouer, dans la salle des Variétés, le rôle de Louis XII, espèce de tragi-comédie de Collot d'Herbois, dans laquelle on chantait en chœur :

« Vive à jamais notre bon roi,
» Il fait le bonheur de la France (1). »

Monvel y établit aussi des ouvrages de Pigault-Lebrun : le *Pessimiste*, l'*Orpheline*, la *Joueuse*, *Charles et Caroline*, etc., etc.

(1) L'auteur ne se doutait guère alors que, dans peu de temps, il chanterait sur une autre gamme.

Mlle Contat s'empressa d'assister aux débuts de Monvel, dans la pièce de *Louis XII*. Admirant la noblesse de son jeu et toute la dignité répandue sur sa personne, elle disait à l'un de ses voisins :

« Contemplez de Bayard l'abaissement auguste. »

Il y avait alors une telle hiérarchie dans les théâtres royaux, que les acteurs qui en faisaient partie auraient cru déroger en jouant sur une autre scène que la leur.

La salle de la rue de Richelieu fut d'abord nommée théâtre du Palais-Royal. Il fit son ouverture au mois de mai 1790. A ce titre succéda bientôt celui de Théâtre de la République.

Talma, Dugazon, Mme Vestris, la tragédienne ; Mlle Desgarcins, Mlle Candeille, Mlle Simon, Mlle Joly, la soubrette, les mécontens du Théâtre-Français, enfin, s'y réunirent en 1791.

Ce fut alors que je commençai la comédie à ce même théâtre de la République. Ce fut à cette époque que je connus Hippolyte Mars. Je fus témoin plus tard de ses premiers pas au théâtre Feydeau, où elle débutait avec si peu d'importance, qu'on ne s'était pas occupé de lui désigner une loge pour s'habiller (1).

Elle vint, le lendemain de son début, toute pleureuse chez Monvel lui raconter ses tribulations. — Pourquoi, lui dit son père, n'as-tu pas pensé à me demander ma loge ? — Je n'aurais pas osé, mon papa. Elle ne disait pas que sa mère ne l'aurait pas souffert. Mme Mars ne voulut jamais revoir Monvel depuis son mariage. Seulement elle lui envoyait sa fille.

Mme Mars fut blessée avec raison qu'il ne lui eût pas donné la préférence, à elle si jolie, et mère de la petite Hippolyte. Aussi les impressions de la mère jetè-

______

(1) Mlle Contat ne lui a donné des leçons que longtemps après.

rent-elles des racines profondes dans le cœur de la fille.

Ce fut M. Valville, acteur qui n'était pas sans mérite, intime ami de Mme Mars, qui s'occupa de l'éducation de la petite. Ce fut lui qui lui fit jouer quelques rôles d'en fanset le petit frére de Jocrisse dont il est tant parlé dans toutes ses biographies.

M. Valville faisait partie du théâtre de Mlle Montansier, ainsi que Mlle Mars aînée (Mme Salvetta). Mais la jeune Hippolyte n'avait point de tante, comme l'a dit le *Journal des Débats,* qui s'est même étrangement trompé en faisant débuter Hippolyte Mars dans je ne sais quel opéra.

Ce fut ce même Valville qui, lors du feu de l'Odéon, montra tant de courage en se jetant de la fenêtre de sa loge sur les matelas qu'on lui tendait, et pour lequel Mlle Mars montra une si grande sollicitude.

J'ai été surprise qu'au sujet de Mlle Mars, on ait parlé de M. Valville comme

d'un pauvre vieillard qu'elle avait re-
cueilli chez elle. Elle l'aimait et le con-
sidérait comme un second père.

On prétend aussi que Monvel devina le
talent de sa fille, qui ne jouait encore que
des rôles insignifians dans les dernières
années de la vie de son père.

Il le devina, en effet, mais ce ne fut
point à la fin de sa carrière. Il était encore au théâtre que la réputation de sa
fille était établie sur des bases solides,
qu'elle avait déjà créé des rôles avec un
immense succès. Ils jouaient souvent tous
deux dans la même pièce (1). Ils eurent
même une discussion très-vive pour le
rôle de Mme Martigues, dans l'*Amant
bourru*, que Mlle Mars refusait de jouer à
la reprise de cette pièce, où Monvel
jouait le rôle de Charles Morinzer.

Elle n'était point l'élève de son père,
comme on l'a souvent dit. Il ne lui a ja-

______

(1) Dans l'*Abbé de l'Épée* et autres ouvrages.

mais fait répéter qu'un rôle, c'était celui d'Angélique, dans la *Gouvernante*, qu'elle joua dans la perfection. Ce fut Mlle Contat qui développa le germe de ce divin talent d'ingénuité. Elle lui montra l'art de faire sortir en dehors ce que la timidité étouffait au dedans.

Les dernières années de Monvel furent déplorables, car il était tombé en enfance, et avait perdu le sentiment et la mémoire.

Ce fut dans un petit rôle de la pièce du *Couvent*, de M. de Laugeon, que la jeune actrice commença à montrer ce *talent des mots* qu'elle sut si bien faire valoir par la suite. Il était tellement dans sa nature, qu'elle les avait dans la conversation.

Mlle Contat aimait beaucoup sa jeune élève ; mais toute son amitié pour elle ne put la faire consentir à la marier avec son fils, qui en était très-amoureux.

Mlle Contat portait plus loin ses vues. Son fils avait un grand nom et de la fortune. Son amour pour Hippolyte étouffait alors l'ambition. Mais, plus tard, sa mère lui fit comprendre qu'il pouvait occuper un rang dans la société; qu'il devait oublier tout ce qui avait rapport au théâtre (1). Il le comprit si bien, que la place occupée par le tombeau de sa mère ne fut jamais connue que de lui, et le portrait de Mlle Contat, renfermé dans son hôtel, malgré les instances qu'on pût lui faire, ne fut jamais copié; c'est pourquoi il n'en existe aucun, d'après nature, de cette grande actrice.

On voit que Mlle Mars, dans sa première jeunesse, fut malheureuse dans ses attachemens, et forcée, par le concours des circonstances qui traversèrent sa vie, à garder ce titre de mademoiselle qu'elle a honoré par la décence de sa conduite et illustré par son admirable talent.

(1) Sur la fin de sa carrière, Mlle Contat épousa M. de Parny.

Cette dénomination a toujours et si habituellement précédé son nom, qu'elle en faisait partie. Elle a grandi avec sa réputation, comme les mots gravés sur l'écorce de l'arbre traversent les siècles avec lui.

Un ami, dont le dévoûment ne s'est jamais démenti, lui est resté jusqu'à sa dernière heure. C'est un bonheur qui se rencontre rarement dans la vie. Il faut avoir de rares qualités pour inspirer un semblable attachement et une âme bien belle pour savoir les apprécier.

Mlle MARS A DRESDE.

J'étais depuis six ans en Russie, les communications avaient été interrompues, et je n'avais rien su de Mlle Mars qu'à de longs intervalles, lorsque la catastrophe dont j'ai publié la relation après mon retour me fit revenir en France.

A mon arrivée à Leipzig, j'appris par

le prince Poniatowski que la Comédie-Française était à Dresde. Je partis aussitôt pour cette ville, afin d'y voir le préfet du palais, M. de Bausset, qui m'avait fait partir de Moscou, par ordre de l'empereur, pour m'attacher au service de son théâtre.

— Nous vous devons aide et protection, me dit M. de Bausset, car vous nous appartenez. Je vous logerai avec la Comédie-Française. Vous allez y retrouver des amis. D'abord Mlle Mars, qui sera enchantée de vous avoir près d'elle, MM^mes Mézeray, Bourgoin, Thénard, Emilie Contat ; Talma, Fleury, Michot, Vigny, Baptiste Cadet, enfin toute l'élite de ce qui restait de l'ancienne Comédie-Française et du Théâtre de la République.

J'avais commencé ma carrière avec ces acteurs, et si je n'eusse pas eu le malheur d'être parente de Fleury, je serais rentrée d'emblée au Théâtre-Français. Je dis malheur, car ce fut lui qui m'en empêcha. M. de Bausset voulait faire valoir mes antécédens, et l'avantage d'être partie de Moscou pour le service de l'empereur (avantage qui m'a coûté cher). Mais Fleury, à cheval sur les statuts de la Comédie-Française et sa hiérarchie qui ne permettaient pas qu'on en fît partie sans avoir redébuté à Paris, et sans une décision du comité, Fleury ne voulut pas donner l'exemple d'en enfreindre les lois pour une parente, cet exemple pouvant autoriser des nouvelles infractions ; M. de Bausset m'engageait à adresser une demande à l'empereur, Mlle Mars et mes amis m'en empêchèrent, en me disant que je me ferais beaucoup d'ennemis au Théâtre-Français en y entrant de cette manière.

Je retrouvai Mlle Mars plus belle que je ne l'avais jamais vue, car il est bien vrai de dire que la splendeur de sa jeunesse et de sa beauté commencèrent à trente ans. Aussi s'est-elle conservée plus longtemps que celles dont le printemps précoce a déjà défloré l'été et vieilli l'automne.

Mlle Mars faisait les délices de la cour et de la ville. Elle recevait l'élite des grands personnages réunis à Dresde. Maréchaux, princes, ambassadeurs, artistes étrangers, briguaient la faveur d'être admis dans son salon, qui rappelait celui de la duchesse de Longueville dans nos anciennes guerres (moins la politique).

Mlle Mars était la reine des fêtes qui se donnaient au milieu du tumulte des armes et des graves intérêts de l'Europe. Elle en faisait le charme par son esprit joint au ton de la meilleure compagnie.

Tout le monde s'empressait de lui faire les honneurs des charmans environs de Dresde. Dans une de ces excursions, Mlle Mars fit une chute qui lui meurtrit un côté de la figure.

Un semblable accident ne pouvait manquer d'arriver promptement aux oreilles de l'empereur. Lui, qui aimait tous les genres de courage, il fut curieux de voir jusqu'à quel point une jolie femme pouvait supporter de semblables blessures.

Il témoigna donc le désir de voir Mlle Mars, à l'heure où il recevait familièrement et sans étiquette ceux avec lesquels il aimait à causer. Plus d'une fois, Talma et Fleury assistèrent à son déjeuner, car il avait toujours du plaisir à voir ces grands acteurs.

Conduite par M. le duc de Vicence, Mlle Mars arriva au palais de Marcolini, résidence de l'empereur. Elle y trouva réunis le prince de Neufchâtel, M. de Bausset, préfet du palais, M. le comte de Narbonne, débris précieux de ce brillant escadron d'hommes aimables parm lesquels on distinguait les Ségur, les Parny, etc.

Napoléon fit le plus gracieux accueil à son actrice favorite. Elle avait la figure à moitié cachée par son voile. Mais elle supporta avec beaucoup de dignité les regards qui semblaient interroger son courage de femme.

Quelques momens avant l'arrivée de Mlle Mars, l'empereur, qui venait de parcourir les journaux, discutait avec ces messieurs sur une critique de M. Dusault, dans le *Journal de l'Empire*, qui prétendait que Mlle Leverd était mieux dans l'esprit du rôle d'Elmire de *Tartufe*, que Mlle Mars, qui en faisait, disait-il, une prude, en relevant avec trop de dignité la main que Tartufe ose poser sur elle; tandis que Mlle Leverd se contentait (comme une bonne bourgeoise sans malice), de le regarder en disant :

« Que fait là votre main? »

— Votre M. Dusault est un sot, leur dit 'empereur; Mlle Mars est, au contraire, celle qui a parfaitement saisi l'esprit de son rôle. Toute femme se trouve choquée, sans doute, de l'audace d'un homme qui la touche ainsi, mais son premier mouvement est toujours relatif à son éducation. Une personne commune lui donnerait un soufflet; une femme peu susceptible se contenterait de le regarder avec étonnement en lui disant : « Que fait là votre main? » sans la repousser. Mais une femme distinguée, blessée d'un semblable attouchement, éloignera la main de cet homme avec cette dignité simple qui impose aux plus audacieux.

Ce jugement de l'empereur prouve qu'il est des natures privilégiées dont le vaste génie embrasse tout dans les moindres détails.

Qu'on se rappelle Mlle Mars dans la scène où Orgon est caché sous la table ; elle ne cherchait pas un instant à faire rire par les allusions que lui prête son rôle (ce qu'ont fait presque toutes ses devancières). On sentait à l'altération de sa voix combien elle était peinée du personnage qu'elle était forcée de jouer avec cet homme qu'elle méprise. C'était bien aussi, je pense, l'intention de Molière. Elmire est une bourgeoise, sans doute, mais une femme bien élevée, riche. La part que son mari a prise à la politique du temps l'a placée dans un monde fort au-dessus de celui que fréquentait sa première femme ; et je n'en veux d'autre preuve que les observations de Mme Pernelle :

« Et leur défunte mère en usait beaucoup mieux.
» Vous êtes dépensière, et cet état me blesse,
» Que vous alliez vêtue ainsi qu'une princesse. »
. . . .

« Ces carrosses, sans cesse à la porte plantés. » font juger qu'Elmire recevait des gens de cour. Le roi s'est souvenu du zèle que son mari montra en défendant ses droits, enfin sa belle-fille est recherchée par Valère, homme très-haut placé.

Le calme avec lequel Elmire écoute les reproches de sa belle-mère annonce une femme mieux élevée que celle qui les lui adresse. Si Tartufe avait eu affaire à Mme Pernelle, elle lui aurait probablement donné le soufflet dont parlait l'empereur (1).

C'est une chose remarquable dans la vie de Talma et de Mlle Mars que de s'être trouvés en contact avec celui qui portera sur son aile à la postérité la plus reculée tout ce qui captiva l'attention de cet homme étonnant. Dans la protection qu'il accorda aux arts, Mlle Mars et Talma marchèrent toujours les premiers.

L'expiration de l'armistice fit avancer le jour de la fête de l'empereur; cette fête toute militaire (où les soldats rassemblés dans leurs campemens étaient encore remplis d'espérances dans l'avenir de leur général), fut célébrée avec

(1) On me pardonnera d'avoir ajouté mes réflexions à celles de Napoléon.

un enthousiasme difficile à décrire. On ne prévoyait guère alors que cette fête dût être la dernière.

Toutes ces tentes réunies au-dehors de la ville, coquettement parées, entourées d'arbustes, auraient ressemblé à un immense jardin, si les drapeaux, les faisceaux d'armes et les canons n'eussent partout rappelé la guerre. C'étaient des volcans couverts par des fleurs.

La jolie ville de Dresde était resplendissante de lumière et de joie. La population parcourait les rues, où les fenêtres pavoisées des palais laissaient parvenir le son des instrumens. Les chiffres lumineux des deux souverains rappelaient que Napoléon était chez un ami.

Ces exercices, ces feux de peloton, ce cliquetis d'armes, ce mélange de guerre au milieu des roses, des orangers et d'une illumination qui permettait d'en distinguer les moindres détails, tout ce spectacle agrandissait l'âme, lui donnait de l'énergie. On se sentait transporté au temps de la chevalerie, en voyant tous ces preux aussi braves que galans.

Nous passâmes une partie de la nuit à nous promener à travers l'illumination de la ville et du camp, à errer de fête en fête, car il y en avait de préparées chez tous les grands personnages réunis à Dresde.

M. de Serra, ambassadeur de Saxe près de Napoléon, s'approchant de Mlle Mars, la pria à voix basse d'inviter celles de ces dames qu'il lui plairait d'amener.

— Mais toutes, répondit-elle.

Et, conduite par l'ambassadeur, elle fit en son nom l'invitation de la manière la plus gracieuse. Chaque cavalier offrit son bras à une dame; il s'en trouva parmi elles qui eurent le mauvais goût de refuser et la maladresse d'en laisser deviner le motif.

A notre arrivée, des noirs, vêtus du

costume de leur pays, exécutèrent une musique turque. De riches divans en brocard entouraient l'intérieur de la tente, tendue de tapis de Perse et ornée de corbeilles de fleurs. Chaque portière, relevée avec des glands d'or, laissait pénétrer l'air; tout y était empreint d'un parfum d'Orient, car cette tente avait été conquise par M. de Serra, à la guerre de Perse.

Malheureusement cette petite fête, qui nous eût enchantés dans un autre moment, venait trop tard pour que nous pussions jouir de tout son charme. La sage nature a placé la satiété près du plaisir; est-ce pour en faire mieux sentir le néant?

En vain à la musique la plus suave succédaient les plus gais refrains pour nous inviter à la danse; en vain les noirs parcouraient la tente pour présenter leurs plateaux de cristal chargés de sorbets, nous n'aspirions plus qu'au repos.

Nous en jouîmes paisiblement jusqu'au moment où l'ordre du départ, semblable à la baguette d'Armide, détruisit tout cet enchantement. Le rameau d'or vint dire à plus d'un Renaud :

— *Notre général vous rappelle.*

Le tambour battait aux champs, les hostilités recommençaient, les partisans parcouraient la campagne ; à tant de poésie succédaient les détails les plus prosaïques.

Il fallait s'occuper d'avoir des chevaux pour le départ ; les artistes craignaient de rencontrer les partisans, gens fort peu sensibles au charme des arts. Ceux qui emportaient des objets du pays pensaient au pillage ; Michot, qui avait fait provision des bas renommés de la Saxe, craignait fort d'en chausser les Cosaques ; enfin nous étions revenus à la vie positive et les propriétaires des maisons que nous occupions, craignant de nous le voir oublier, avaient grande hâte de nous y rappeler.

Les voitures ne purent partir toutes ensemble, et les derniers départs ne s'effectuèrent pas sans danger. Aussitôt que les habitans de la ville en eurent la nouvelle, on nous jeta nos effets par la fenêtre, afin de nous faire déménager plus promptement. Desprez, le régisseur, qui dormait encore et croyait avoir du temps devant lui, fut réveillé par des gens qui le roulaient dans les matelas et les couvertures pour les emporter. Enfin nous nous trouvâmes très-heureux d'être en route, et nous ne respirâmes bien à l'aise qu'à Francfort.

Je restai pour des affaires de famille à Francfort ; je ne revis Mlle Mars qu'un an plus tard, à Paris, à l'époque de l'entrée des alliés. Elle habitait alors, rue du Luxembourg, un appartement qu'elle occupait depuis plusieurs années avec sa mère et sa fille, et non un entresol de la rue Feydeau, comme on le dit dans une brochure.

J'aurais publié un Autographe de Mlle Mars; mais des retards lithographiques me forcent à ne le donner qu'à la fin de la seconde édition, qui sera augmentée du retour de Mlle Mars à Paris

LOUISE FUSIL,

De la Société des Gens de Lettres.